EL FF

ANDREW MURRAY

Traducido por
ROMINA P. PISCIONE

1898

NEW YORK: 46 EAST 14TH STREET
THOMAS Y. CROWELL & COMPANY
BOSTON: 100 PURCHASE STREET

"El Fruto de la Vid"
Escrito por Andrew Murray

Distribuido por Babelcube, Inc.
www.babelcube.com
Traducido por Romina P. Piscione
Diseño de portada © 2018 Dave Kinsella
"Babelcube Books" y "Babelcube" son marcas registradas de Babelcube Inc.

CONTENIDO

EL FRUTO DE LA VID[1]

I. FRUTO

"Yo soy la Vid verdadera, y mi Padre es el Agricultor. Toda rama que en Mi no dé fruto, Él la quita; y toda aquella que dé fruto, Él la limpia." (JUAN 15: 1, 2).

Una VID se planta únicamente por su fruto. Hay muchos tipos de vides, cada una con su tipo diferente de fruto. Cuando un agricultor planta una vid o un viñedo, selecciona ese tipo especial del cual desea obtener el fruto. El fruto será la manifestación de su propósito. Cuando Dios plantó la Vid Celestial, fue para que su fruto diera

---

[1] Después de haber escrito un pequeño libro recién publicado, *The Mystery of the True Vine* (El Misterio de la Vid Verdadera), sentí lo poco que había comprendido o enfatizado suficientemente el maravilloso lugar que toma El Fruto en las enseñanzas de Cristo en la parábola. En estos seis capítulos sobre FRUTO, SIN FRUTO, MÁS FRUTO, MUCHO FRUTO, FRUTO QUE PERMANECE, FRUTO Y ORACIÓN, he tratado, en cierta medida, de compensar lo que falta allí. —A. M.

vida y fortaleza a los hombres moribundos. La misma vida de Dios, que el hombre había perdido por la caída, debía ser devuelta por Cristo desde el cielo; Cristo debía ser para los hombres el Verdadero Árbol de la Vida. En Él, lo Verdadero, la Vid Celestial, en Su Palabra y obra, en Su vida y muerte, la vida de Dios fue llevada al alcance de los hombres; todos los que comieran del fruto vivirían para siempre.

Aún más maravilloso es que los discípulos de Cristo no solo deben comer y vivir, sino que a su vez se vuelven ramas frutales. La vida Divina que entra en ellos no solo debe morar en ellos, sino afirmar así su poder vivificador que debe mostrarse en el fruto que ellos tienen para sus semejantes. Tan verdaderamente como la Vid Celestial, todas sus ramas reciben la vida de Dios.

I. LA VIDA EN LA VID

A menudo hablamos de recibir a Cristo, seguir a Cristo, del Cristo que vive en nosotros, cuando nuestras ideas de lo que es Cristo son muy vagas. Cristo se dio a Sí mismo como sacrificio a Dios por los hombres, y eso demostró cuál es la verdadera nobleza del hombre como participante de la naturaleza Divina. Hablamos, y también con razón, de la obediencia de Cristo como la causa meritoria de nuestra salvación: "Por la obediencia de Uno, muchos fueron hechos justos". Pero no reconocemos suficientemente qué fue lo que dio a esa obediencia su poder redentor. Fue esto: que en ella Cristo restauró aquello que es la única cosa que la criatura puede rendir a su Creador, y así le dio a Dios lo que el hombre le debía. Es a causa de esta obediencia que se convirtió en Redentor, y esta disposición es la misma vida que imparte como la Vid Celestial. "Deja que esté en ti la mente que estuvo en Cristo Jesús, quien se volvió obediente hasta la muerte. Por lo tanto, Dios lo exaltó mucho". La vida de Dios en la naturaleza humana es la obediencia hasta la muerte.

Y con eso Cristo amó a los hombres. En eso Él cumplió la voluntad de Dios. Se entregó al amor poderoso y Redentor de Dios hacia los hombres, y así se entregó tanto a los hombres como a Dios. No hay forma posible de vivir para Dios que no sea amando y viviendo para los hombres por quienes Él vive y ama. La vida humana en Cristo no puede ser más que una rendición a su amor para ser usada en salvar y bendecir a los hombres. Ya sea en Dios, en Cristo o en nosotros, la vida Divina es amor a los hombres. Esta es la savia de vida de la Verdadera Vid, el espíritu que estaba en Cristo

Jesús.

II. La Vida en la Rama

Es esencial y enteramente la misma que en la Vid. Si damos fruto, solo puede venir cuando la vida y el poder que obran en la Vid obran en nosotros. Éste es el único secreto del servicio efectivo.

En la obra cristiana se suele cometer un gran error. La diferencia entre el trabajo y el fruto se pasa por alto. Bajo un sentido del deber o de un amor innato al trabajo, un cristiano puede ser muy diligente en hacer su trabajo para Dios y, sin embargo, encontrar pocas bendiciones en él. Puede pensar en la gratitud como el gran motivo de la vida cristiana, y no comprender que aunque eso pueda despertar la voluntad, no puede dar el poder para funcionar con éxito. Es necesario ver que para que el trabajo sea aceptable y efectivo, debe venir como fruto; debe ser la *consecuencia espontánea de una vida saludable y vigorosa*, el Espíritu y el poder de Cristo viviendo y trabajando en nosotros. Y ese poder solo puede funcionar libre y eficazmente en nosotros, ya que nuestro principal cuidado es mantener una relación estrecha e íntima con nuestro Señor. A medida que Él nos transmita

Sus disposiciones, nuestro trabajo será verdaderamente el fruto que posee la Vid.

También se comete otro error. Oramos fervientemente por la bendición de Dios en nuestro trabajo y en aquellos a quienes deseamos ayudar. Olvidamos que el Dios que se deleita en bendecir desea bendecirnos a nosotros mismos primero, dar a nuestros corazones la bendición que Él quiere impartir a través de nosotros. No somos canales, en el sentido en que lo es una tubería de plomo o de tierra cuando transporta agua y, sin embargo, no la absorbe. Somos canales como lo es la rama. La savia de la vid, antes de atravesarla para formar fruto, primero entra a ser su vida, para darle nueva madera y fuerza, y luego pasa a la uva. Cuando predicamos el amor de Dios y la obediencia a Él, cuando llamamos a los hombres a ceder a ese amor, primero debemos buscar cada día recibir de nuevo, en comunión con Cristo Jesús, ese amor y devoción a Dios en nuestros propios corazones. Cuando enseñamos amor al hombre, debemos hacerlo como aquellos en quienes el fruto del Espíritu, que es amor, se manifiesta en su frescura y belleza.

Es teniendo exactamente el mismo espíritu que estaba en Cristo Jesús, y estando poseído por la misma mente y disposición que estaba en Él, que podemos llevar el mismo fruto que Él llevó, que Él todavía puede dar fruto por medio de nosotros. Y este espíritu no podemos tenerlo por ninguna imitación o esfuerzo, sino solo al recibirlo fresco de Él todas las mañanas y todo el día. Una intensa devoción a Dios y una entrega total de nosotros mismos a Su servicio para los hombres, y renunciar a nuestra vida para vivir, y amar, y morir por los hombres, como lo hizo Jesús, es la vida a la que llaman las ramas de la Verdadera Vid, es la vida para la cual la Verdadera Vid seguramente se nos ajustará. Sus palabras son verdaderas: Él es la Verdad y la Vida. Él da todo lo que Él promete. No cuente el tiempo demasiado valioso ni los dolores demasiado grandes, al esperarlo en Él por su Espíritu para revelarle el maravilloso misterio de que usted es una rama, un participante de la misma vida que hay en la Vid.

III. LA VIDA EN EL FRUTO

Si hemos entendido cómo son la vida en el Padre, el Agricultor, y la vida en el Hijo, la Vid, y la vida en el Creyente, la Rama, que no pueden sino ser una y la misma, veremos fácilmente cómo todavía debe ser la misma en el fruto que lleva la rama. Es de la mayor importancia conseguir un control firme de esto: *la vida, las palabras y las obras de un creyente pueden llevar la vida de Dios y transmitírsela a sus semejantes.* Toda nuestra vida, con todo lo que somos y hacemos, puede ser el fruto de la Vid.

El *Carácter* y la *Conducta* son Fruto. La influencia que tiene una vida santa, es Fruto. La reverencia por Dios que despierta la presencia de un hombre verdaderamente piadoso, el deseo que se agita para poseer lo que ven en él y carecen ellos mismos, es Fruto. Todo testigo del supremo reclamo de la voluntad de Dios, de la bendición de la entrega total y la obediencia, cada acto de amor y humildad como los de Cristo, cada obra en la que brilla la luz de la vida de Cristo, es Fruto: la savia oculta de la Vid Celestial en manifestación.

Las *palabras* son Fruto. Cristo no solo vivió, sino que también habló. Nuestra vida necesita palabras para interpretar su significado y dar su mensaje. El Cristo en el corazón debe ser confesado por la boca. Las palabras de Dios que viven en el corazón por el Espíritu Santo, pronunciadas por los labios, son las semillas de la vida eterna. De la misma manera que nuestra vida es la manifestación de la vida oculta de la Vid, como la rendición absoluta a la voluntad de Dios para Su servicio entre los hombres, que con la continua dependencia nos llena de Su presencia y poder el corazón, las palabras serán de un poder celestial. La Vida Divina en la Vid será Vida Divina en el Fruto, ya que la Rama, el canal viviente que conecta, permite que la Vida fluya sin obstáculos.

Las *oraciones* son fruto. Quizás no haya fruto más elevado que el poder de intercesión. Con Cristo es el fruto de su obra en la tierra: "Él siempre vive para orar". Es el fruto de la presencia en nosotros del "Espíritu que intercede". La razón por la cual su poder es tan poco creído y probado, que las maravillosas promesas ilimitadas de oración de nuestro Señor prácticamente no se consideran literalmente para nosotros, es que no creemos que la vida Divina de la Vid esté realmente en nosotros, fluyendo a través de nosotros hacia los hombres, elevándose a través de nosotros a Dios en oración, llevando fruto que llega hasta el cielo, y alegra el corazón de Dios.

Cualquiera que sea el fruto que tenemos, ya sea en las obras que hacemos o las palabras que hablamos, o las oraciones que ofrecemos, apoderémonos de la verdad: que todo verdadero fruto es, de hecho, la consecuencia natural de la vida de Cristo bajo diferentes formas. La vida en

Él, en la Rama, y el en Fruto son completamente iguales.

VI. La Vida en Quienes Participan del Fruto

no puede ser diferente. Como toda la meta de la vid y la rama es dar fruto que transmita e imparta su vida, el objeto de comer el fruto es recibir la vida. La obediencia a Dios y el amor a los hombres, el sacrificio a Dios por los hombres, que está en Cristo y es en Sus verdaderos discípulos el poder que anima, es lo que se les ofrece a los hombres con el fruto. El poder redentor de Su obediencia y sacrificio, como expió nuestro pecado, y reproduce su propio espíritu en todos los que creen, es lo que deben aprender de nosotros, y ver en nosotros, y recibir de nosotros. Cuando se realiza esto, comen del fruto del mismo Árbol de la Vida, llevado por las ramas. Y entonces la vida que ellos recibirán tendrá su carácter de lo que está en el fruto. Donde la permanencia en la Vid es débil, la comunión con Cristo por parte del obrero no es clara y es incesante, el fruto no puede ser pleno y rico, y la vida que trae a los conversos no estará marcada por la verdadera devoción a Dios y al hombre. Cuando, por otro lado, la vida de las ramas está en el poder del Espíritu, y es animada por un intenso deseo de conformidad plena con Cristo, la Vid, su carácter, reaparecerá en aquellos que han compartido su fruto.

La gran verdad central que debemos comprender es que la vida Divina, ya sea que se encuentre en la Vid, o que fluya a través de la Rama, o que se vea en el Fruto, o que los hombres la manipulen y la coman, debe ser la misma. Y que, por lo tanto, para cada uno que verdaderamente viva la vida de la rama y dé mucho fruto, todo depende de realizar y mantener la conexión vital con la Vid. A medida que se haga esto, toda la confianza en uno mismo y todo desaliento serán igualmente conquistados. Como colaboradores con Cristo en Su gran obra de salvación a los hombres, como ramas que no son menos ordenadas por Dios para llevar vida a los hombres que Cristo la Vid, aprenderemos que nuestra única necesidad, como única lección de la parábola, es la fe sin límites. La fe verá que todo lo que es en Cristo es en nosotros; que en nuestra debilidad y en nuestro trabajo podemos contar con la vida y el poder de Cristo obrando en nosotros; que nuestra vida y nuestro fruto pueden estar llenos de Su vida y espíritu. Tal fe nos llevará a mantener el contacto con la Vid tan cercano e incesante como lo vemos en la vid terrenal, y creceremos con una fuerte seguridad de que tan naturalmente como la salud y la grosura de la vid terrenal pasan a las ramas, la plenitud de Cristo Jesús se convertirá en nuestra vida y fortaleza.

II. SIN FRUTO

"Toda rama en Mí que no lleva fruto, Él la quita" (JUAN 15: 2).

EL único objetivo por el que un hombre planta una vid, y la vid tiene su lugar en el viñedo, es que pueda dar fruto. El único objetivoo por el cual la rama tiene su lugar en la vid, es que pueda dar el fruto que produce la vid. El único objetivo por el que el Hijo de Dios se convirtió en la Vid de Dios en la tierra fue que Él pudiera dar fruto para la salvación de los hombres. Y el único objetivoo por el que el creyente se convierte en una rama de la Vid Celestial es que, a través de él, Cristo pueda dar fruto y ponerlo al alcance del hambriento y del que perece. ¡Con el Agricultor, la Vid y la Rama, todo es Fruto, Fruto, Fruto!

Inmediatamente después de las palabras iniciales: "Yo soy la Verdadera Vid, y Mi Padre es el Agricultor", nuestro Señor usa la palabra tres veces. En el curso de la parábola, la palabra aparece ocho veces, con las variaciones "Fruto", "Sin fruto", "Más fruto", "Mucho Fruto", "Fruto que Permanece". Todo apunta a la gran verdad de que el corazón de Dios está puesto sobre esta única cosa y que, como Cristo es la Vid con este único propósito, así el único objetivo del creyente debería ser producir mucho fruto. Entremos en nuestro estudio de esto, la palabra clave de la parábola, con la oración de que el fruto puede ser para nosotros nada menos que lo es para Dios el Agricultor, y Cristo la Vid, la única y bendita razón de que seamos ramas. Si nuestra percepción de la mente de Dios en este punto es defectuosa, nuestra vida cristiana sufrirá. Como estamos llenos del conocimiento de la voluntad de Dios en esto, en sabiduría y comprensión espiritual, nuestra vida puede llegar a ser totalmente placentera para Él.

"Toda rama en Mí que no lleva fruto, Él la quita". No hay palabras que puedan expresar más claramente que estas, que aparecen primero después del anuncio de apertura, "Yo soy la Vid y mi padre es el Agricultor", la verdad solemne de que el fruto es la única prueba del verdadero discipulado, la única evidencia que será aceptada en la tierra o en el cielo de la realidad de nuestra unión con Cristo. Hasta que un cristiano vea esto y su razonabilidad exagerada, él no sabe lo que es el llamado cristiano. La rama infructuosa debe ser quitada: solo mediante el fruto se puede mantener nuestro lugar en Cristo.

Para entender la razón por la que esto debería ser así, tengamos en cuenta

DOS COSAS SOBRE EL FRUTO

Una, es que *el fruto es la producción espontánea natural de una planta*, la cual exhibe en forma visible su vida y savia escondidas. Si la vida del árbol es saludable, habrá fruto bueno y abundante. El fruto simplemente revela lo que está en el árbol. En el fruto, el árbol da su propio testimonio de lo que es su estado y naturaleza.

La otra característica del fruto es que *el árbol no lo lleva para sí mismo sino para el dueño*. Toda vida verdadera, toda existencia, tiene un propósito. Por su fruto, un árbol cumple su destino de suplir las necesidades de hombres o animales. El fruto es lo que el árbol regala; en él, devuelve a la naturaleza o a su amo lo que se ha gastado en él.

En ambos aspectos, el fruto es la gran prueba de la vida cristiana, la verdadera revelación de nuestro estado interno. Toda vida dada por Dios tiene algo de la naturaleza de la vida Divina de la cual proviene. La vida de Dios es un misterio, escondido e incomprensible. Pero Dios se revela a Sí mismo en Sus obras. Y, entonces, el hombre se revela a sí mismo en sus obras; la conducta es en todas partes el exponente del carácter; lo que un hombre hace demuestra lo que es. La vida interior del cristiano es la vida de resurrección de Cristo, el poder del Espíritu Santo: no una que aprecie esto verdaderamente, y se entregue a él, sino que debe dar fruto. Lo que se dice de Cristo: "Él no se puede esconder", es verdad de todo Su pueblo: la vida oculta debe estallar.

Y esto no solo para la manifestación, sino para la comunicación, de la vida. El fruto no es su propio fin: en él, la vida oculta se encarna de tal forma que puede impartirse a los hombres. El fruto cumple la ley universal, impresa por su Hacedor en toda la creación, la ley de la beneficencia. Nada vive por sí mismo. Dios es Amor, y no vive para Sí mismo: Él encuentra Su vida, Su deleite, Su gloria, en la bendición de Sus criaturas. Su Hijo es la encarnación del amor y el autosacrificio. Y los hijos redimidos de Dios, ¿cómo podrían entrar en ellos la vida y el Espíritu de Cristo sin buscar, de inmediato, el camino hacia los demás en amor y bendición?

Por más que estas verdades parezcan simples, es sorprendente y triste ver cuán poco se entienden, predican y practican. ¡Cuántos hay que piensan en recibir a Cristo para sí mismos, y no para los demás! No saben que el Cristo que viene a sus corazones es Cristo, el Salvador de todos los hombres, y que *ha entrado en ellos únicamente con la visión de llevar a cabo su obra de salvar a los demás*. Bien podemos preguntar eso: "¿Cristo está dividido?" ¿Puede tomar de Cristo lo suficiente para usted mismo, y dejar el resto para otros, para que ellos lo lleven o no, como puede suceder? Ciertamente, no. Cristo, que ama a todos, ha entrado en usted, para habitar en usted con ese amor, para tenerlo y capacitarlo como una vasija e instrumento de ese amor, y poseer su corazón, y convertirse en su amor para los que perecen. La prueba de que usted es una verdadera rama de la Verdadera Vid, es que lleve Su Fruto para los demás: la prueba de la presencia del Verdadero Cristo dentro de usted, es la entrega de su corazón en amor a aquellos que Él ama. Somos "salvados para servir". Pero Dios no necesita nuestro servicio, *excepto para salvar a los hombres*. Somos salvados para servir a nuestros semejantes: ese es el verdadero servicio de Dios. El sacrificio que Cristo dio de Sí mismo fue "a Dios por los hombres"; esa es la única rendición verdadera que podemos hacer.

Para muchos cristianos, la salvación no significa nada más que seguridad; salvación del pecado y del yo. No se piensa en la salvación por el bien de Dios y los hombres, la salvación por la fructificación.

ESTA SALVACIÓN EGOÍSTA

ha sido una de las grandes causas de la continua debilidad en la vida cristiana y de tropezar con hombres que no son cristianos. Si se habla del fruto, es principalmente como una evidencia de estar seguro, o bien, como algunos regresan a ser rendidos a Dios en gratitud por lo que Él ha hecho. El Fruto, para la gloria de Dios y la bendición de los hombres, *como el gran objetivo, el mayor privilegio, el resultado seguro y natural de la vida en Cristo*, casi no tiene lugar en el esquema de la vida. Y donde se piensa (pues las palabras son demasiado sencillas para ser desatendidas), a menudo se busca en la fuerza y la sabiduría humanas. Cristo dijo: "Así como ninguna rama puede dar fruto por sí misma, sino que tiene que permanecer en la vid, así tampoco ustedes pueden dar fruto si no permanecen en Mí". *No hay fruto por sí mismo*; las palabras revelan la razón por la que hay tan poco fruto. Los hombres lo buscan en sus propios esfuerzos: nunca llegan a aprehender, creer y esperar ese suministro divino e infalible de fuerza que viene a través de permanecer verdadero, cercano y continuo en Cristo, a través de vivir y depender solo de Él. Las palabras de nuestro texto son una advertencia para todos los cristianos que hacen del fruto una cosa secundaria, por temor de que lo que cuentan como su trabajo religioso no sea fruto en absoluto, ni el crecimiento espontáneo de una vida escondida con Cristo en Dios.

"Todo rama en Mí que no lleva fruto, Él la quita". Una de las terribles consecuencias de la infructuosidad comparativa de muchos cristianos, y de la verdad del fruto como indispensable para que la vida verdadera no tenga el lugar que debería tener en el la enseñanza de la Iglesia, es que multitudes de hombres se engañan a sí mismos y se creen cristianos, sin ningún fruto. Hay tan poca diferencia entre ellos y aquellos que hacen una profesión distinta de ser salvados, que la falta de fruto no los molesta; no hay un testimonio claro en las vidas a su alrededor, que sin fruto no puede haber una verdadera salvación. Si se les dijera que nuestra salvación será evaluada por nuestro cuidado por los demás, ellos preguntarían si las obras juegan algún papel en asegurar nuestra salvación final. Y, sin embargo, esto es lo que nuestro Señor enseña claramente. El "Venid, benditos de mi Padre, heredad el reino preparado para ustedes", tiene su base en "En la medida en que lo hicisteis con el más pequeño de estos". En el Sermón del Monte, el buen fruto es el "hacer la voluntad del Padre". No se puede dejar de predicar en voz alta y urgente que las palabras de nuestro Señor son literalmente y absolutamente ciertas:" Toda rama en Mí que no dé fruto, Él la quita". Y que el llamado a la conversión es un llamado a una vida que da frutos que se reúnen para el arrepentimiento, una vida de obediencia a Dios y beneficencia para los hombres. Él nos redimió a Sí mismo como un pueblo de Su propiedad, celoso de las buenas obras, "fructífero en toda buena obra".

"Toda rama en Mí que no dé fruto, Él la quita". No fue solo como una advertencia para el individuo que nuestro Señor habló estas palabras a los discípulos, sino para instruirlos, como los futuros maestros de Su Iglesia, en

EL LUGAR QUE OCUPA EL FRUTO EN LA MENTE DE DIOS

y que tendrá en la enseñanza y el cuidado de Sus siervos. Lleva mucho tiempo darnos cuenta de que tan definitiva y exclusivamente como un agricultor planta un viñedo por el bien de su fruto, y tan definitivamente como Dios plantó la Vid Celestial por el bien de su fruto, *cada rama ocupa su lugar en la Vid, solo y únicamente por el bien de su fruto.* El Fruto es la primera consideración, gobierna todo el trabajo del agricultor; decide el destino de cada rama. "Toda rama que no dé fruto, Él la quita": este juicio irreversible de Dios es la prueba abrumadora de que nada más que el fruto puede satisfacerlo.

Si la verdad se apoderara de los creyentes, ¡qué pesar llenaría sus corazones ante el pensamiento de todos los profesores infructuosos que se encuentran en nuestras iglesias! A juicio de la caridad, los hombres se consideran salvados; se espera que la raíz del asunto esté en ellos, mientras que las evidencias del fruto del Espíritu, o incluso del deseo de producir mucho fruto, lamentablemente están ausentes. Nos quejamos de la falta de interés en las misiones, del verdadero sacrificio personal o de la ferviente oración por la salvación de los hombres, de la dificultad de encontrar obreros espirituales dedicados entre los miembros de nuestras respetables iglesias. Confesamos un aumento terrible del espíritu mundano que siempre está gastando más en comodidad y lujo, mientras que de esa abundancia apenas hay algo para la extensión del reino de Cristo. Los ministros hablarán de las congregaciones, que contienen a muchos de los que confían en que son cristianos, y que participarán un poco en el trabajo, y aún muy pocos, si alguno, que posea la devoción o la espiritualidad que tiene el poder o la voluntad de sacrificarse e influenciar a los hombres para Dios. La lección que cada vid y cada rama enseña en todo el mundo (solo estamos por el bien de nuestro fruto) debe entrar en la conciencia cristiana de nuestros días.

Es especialmente entre nuestros conversos y jóvenes cristianos, nuestros estudiantes y ministros jóvenes, que debemos tratar de que la palabra "Fruto" adquiera poder. La simple verdad que la naturaleza enseña al respecto, con la aplicación Divina que Cristo ha hecho de ella en la parábola, si realmente se la haría rendir y se actuara sobre ella, cambiaría nuestro cristianismo moderno. Dios nos ha creado para llevar fruto y, como Agricultor, nos sirve perfectamente para ello. Cristo la Vid proporciona toda la vida y la fuerza que necesitamos. Permaneciendo en Cristo, la unión cercana a Cristo, mantenida en relaciones diarias directas, asegurará frutos abundantes. Una vida de amor y beneficencia, una vida entregada al bienestar de los demás, debe ser, no el final, sino el comienzo de nuestra cruzada cristiana. Como una raza de cristianos es entrenada, la cual en la simplicidad infantil y la tranquilidad de una fe que alegremente cuenta con Cristo para trabajar todo esto en ellos, la predicación: "Todo rama en Mí que no dé fruto, Él la quita", se hará sentir entre los profesores infructuosos. Por la sencilla razón de que la predicación puede apelar a los testigos que prueban que Cristo hace fructificar las ramas de Su pueblo, las solemnes palabras de Cristo sobre "sin fruto" vendrán con el poder de la convicción y el juicio, y se despertarán en toda la abrumadora convicción; La única prueba para el día del juicio será: FRUTO.

III. MÁS FRUTO

"Toda rama que lleva fruto, Él la limpia, para que dé más fruto" (JUAN 15:2).

¡Cuán claro es que el corazón del Padre, el Divino Agricultor, está puesto en el Fruto! En toda la parábola, Cristo no habla de lo que el Agricultor busca o hace, sino de una cosa: busca más fruto y dirige su poda o purificación a este fin. Tan cierto como que su juicio quita por completo la rama que no da fruto, Su juicio quita todo lo que obstaculiza la fructificación. Él poda y corta la rama que da fruto, para que produzca más fruto. El Agricultor que nos hizo ramas de la Vid, y de quien somos totalmente dependientes para nuestro fruto, busquemos entrar en su mente y voluntad. No será hasta que el fruto ocupe exactamente el mismo lugar en nuestro corazón que en el suyo, hasta que anhelemos Más fruto tanto como Él, hasta que busquemos la purificación tan seriamente como Él lo hace, que podremos agradarle plenamente ni saborear la bendición de la vida a la que Él nos llama.

Estoy profundamente persuadido de que nuestra

vida cristiana, el bienestar de la Iglesia y su poder de bendecir, depende mucho más de que tomemos la visión de Dios de la importancia suprema de la fructificación de lo que creemos. Nada es más necesario que la Iglesia aprenda, en toda su predicación de la redención, a enseñar a todos a dar al fruto el lugar en su corazón que tiene en el de Dios. No puedo dejar de repetir, y no puedo dejar de suplicar seriamente que todo lo que la parábola de la Rama debe enseñar se lo siga al pie de la letra. Tan completamente como la vid, también la rama existe solo por el fruto. Tan completamente como la rama natural, el creyente como rama en la Vid Celestial ocupa su lugar solo para dar fruto para la salvación de los pecadores. Sí, más, tan completa y exclusivamente como Cristo mismo fue hecho una Vid, somos ramas hechas para que podamos llevar la Vida y el Amor de Dios a los hombres. Dios siempre busca una cosa: “Fruto”, “Más fruto”.

Esta no es la visión ordinaria del llamado de los cristianos. De acuerdo con eso, nuestra salvación es lo principal. El Fruto es una cuestión secundaria: más deseable y necesaria como evidencia de salvación, como una prueba de nuestra gratitud, una señal de nuestro encuentro con el cielo. Pero no se considera como lo único por lo que fuimos hechos ramas en Cristo, el único objetivo y la gloria de la vida cristiana. Las consecuencias de este error son terribles. La Iglesia considera imposible despertar a la mayoría de sus miembros para que participen realmente en hacer que Cristo conozca a los paganos. El fracaso de nuestra oración y esfuerzo para asegurar la alegría y la fuerza de la vida de fe se debe simplemente a esta raíz, el mal; lo queremos, en primer lugar, para nosotros mismos más que para los demás.

UNA RELIGIÓN EGOÍSTA HACE HOMBRES EGOÍSTAS

y los frutos del yo y la carne florecen en todas partes. Incluso los cristianos que trabajan para Dios sufren mucho por no estar poseídos por el pensamiento de Dios, y no viven con la alegre seguridad de que si el fruto, el fruto dado por Dios, es el único objetivo que tiene el Agricultor, podemos esperar con confianza dar todo el fruto que Él nos pide. La ley del sacrificio, el gasto de la rama y el ser gastada por el bien de su fruto, la comunión con Cristo en Su espíritu de crucifixión, no se conoce en su poder. El fruto debe nacer en subordinación a nuestra voluntad, cuidado y placer. "Fruto", "Más fruto" no es la inspiración divina, la pasión de nuestras vidas.

"Todo rama que lleva fruto, Él la limpia para que produzca más fruto".

¡Oh, Padre nuestro! Abre oídos y corazones para escuchar a Su Hijo Amado, mientras habla de Su deseo de más fruto.

Dios desea más fruto. Eso puede significar cosas muy diferentes para diferentes personas. Para algunos, habla de trabajo externo. La proporción de tiempo, interés y dinero que le da a Dios y su obra en el mundo es tan pequeña, que el Padre no está satisfecho. Hace tanto trabajo como cree que es su deber, como satisfaga su conciencia, lo cual es conforme con su disfrute del mundo y su ser agradable; nunca soñó con pensar, tal vez nunca escuchó predicar que, como una rama, toda su energía, todo su corazón, todo su amor y su delicia debe ser el servicio de Cristo, el fruto de la vida de los hombres, Dios está pidiendo más fruto.

Con otros no hay falta de trabajo. Algunos le han dado la vida. Algunos trabajan demasiado y se agotan a sí mismos, más de lo que el Padre querría ver. Y, sin embargo, Él dice: "¡Más fruto!". Mira la disposición y el temperamento, y ve los frutos del Espíritu, el amor, la alegría, la mansedumbre y la humildad, lamentablemente ausentes. El compañerismo personal con Cristo, la obediencia y la entrega de todo el ser a Él, la vida completamente entregada a los hombres, estos no tienen su fruto para la santidad, y Él llama: "¡Hijo Mío! ¡Menos trabajo, más fruto!

Con otros, una vez más, el mensaje "Más Fruto" apunta a círculos más amplios de interés por los cuales Él ganaría su corazón. Es posible ser muy serio acerca de nuestra pequeña iglesia, o algún interés local de importancia real, en el que el egoísmo está en peligro de ser fomentado en secreto. Dios nos llama con amor y oración y nos ayuda a recordar que a todo el mundo se le ha dado Cristo, y que tiene derecho a conocerlo, y que ha sido confiado a Su Iglesia. Cada miembro del cuerpo, mientras cumple con sus deberes especiales, tiene tiempo y fortaleza y encontrará una rica bendición en ampliar su corazón para amar y aceptar todo lo que Cristo ama y busca salvar. "Más fruto" es el llamado de Dios a muchas iglesias egoístas para que vivan para las misiones.

Hay otros para quienes la palabra puede tener un significado aún más profundo. En el trabajo externo, en la disposición personal y el carácter, en gran simpatía con todos los intereses de Cristo, estos parecieran lo único que se puede buscar, mientras que falta algo más: el fruto que Dios está dispuesto a dar cuando Su Espíritu y Poder son realmente esperados y recibidos. El "Más Fruto" significa de hecho más poder de salvación en nuestro ministerio de amor, una influencia más intensa y duradera en quienes nos rodean. No es la palabra de un capataz, quien pide lo que no podemos dar. Es el propósito de un Padre que nos ofrece la mayor bendición que espera otorgar.

Dios se prepara para más fruto. "Toda rama que lleva fruto, Él la limpia, para que dé más fruto".[2] No hay una planta que corra tan pronto hacia la madera salvaje, y necesite una poda tan implacable e incesante como la vid. La poda o limpieza no es la eliminación de un mal extraño que obstaculice el crecimiento. Es mantenerla por debajo del crecimiento excesivo, el corte de los brotes largos del año anterior, la eliminación de algo que ha sido producido por la vida misma de la vid. ¿Y por qué? Porque consumiría demasiado de la savia de la vid sobre sí misma, y la alejaría de su objetivo principal, la producción de fruto. Las ramas, a veces de ocho y diez pies de largo, se cortan al menor tamaño posible, una o dos pulgadas, para que la savia se pueda concentrar y el fruto sea rico

---

[2] Vea El Misterio de la Verdadera Vid, p. 40.

y grande.

"Toda rama que lleva fruto, el agricultor la limpia para que dé más fruto".

EL GRAN OBSTÁCULO DE LA FRUCTIFERACIÓN EN LA VID ES LA FRUCTIFERACIÓN DE LA MADERA

la actividad desenfrenada de la rama que se afirma, y que busca crecer en grande. El único medio para asegurar mucho fruto, es mantenerla pequeña, y cortar todo el crecimiento de su propia voluntad. El gran obstáculo en la vida del obrero cristiano es la voluntad propia y la autoafirmación. Es en el deseo de servir a Dios, en medio de la diligencia y la actividad en Su trabajo, que nuestra propia voluntad se fortalece, y confiamos en lo que somos y hacemos. Ninguna vigilancia ni esfuerzo de nuestra parte puede salvarnos de esto: *es Dios quien debe limpiar las ramas.* Solo él puede revelarnos cuánto hay de auto-voluntad y auto-confianza, y cuán terriblemente esto obstaculiza nuestra fructificación. *Solo él puede librarnos*, humillándonos bajo el sentido de la impotencia y la pecaminosidad de la vida propia, al llevarnos a consentir nuestra debilidad y entrar en la muerte de Cristo, como la única manera de vivir para

Dios.

Dios pide más fruto. Él no solo lo desea y lo provee, sino que nos lo dice y reclama nuestro consentimiento y cooperación inteligentes y valientes. La vida de Dios en la gracia no actúa como en la naturaleza, como una compulsión inconsciente. Dios apela a nuestra voluntad, a nuestro corazón. Él pide las dos cosas de las que hemos hablado.

Él pide más fruto. Él pide que pensemos en Su único objetivo con nosotros, en Su gran deseo de ver más fruto, *y que pongamos nuestro corazón en ello, así como Él lo hace.*

Al hacer esto, y sentir cuán imposible es para nosotros alcanzarlo, aprenderemos a creer que Él mismo nos dará la gracia, la vida animada, la vida abundante, para el fruto más abundante. Nuestro pensamiento de Su deseo de más fruto no solo nos enseñará lo que deberíamos desear, sino que nos impulsará a entregarnos a esperar en Él con la seguridad de que Él lo hará en nosotros. Él pide más fruto. Él pide que nos entreguemos a Su poda, que veamos cuánto hay de egocentrismo, que confesemos que este es el gran obstáculo para que trabaje a través de nosotros, que reconozcamos que el yo no puede limpiarse o matarse a sí mismo, y comenzar a desear e implorar a Él, en Su misericordia más selecta, que extienda Su cuchillo y nos purgue.

El cuchillo de podar de Dios es SU PALABRA, "más cortante que cualquier espada de doble filo, que discierne los pensamientos y las intenciones del corazón". Cristo dice: "Estás limpio por la palabra que te he hablado". Sabemos cuan cortantes, cuan penetrantes fueron muchas de estas palabras que Él había hablado a los discípulos. Piense en Sus condiciones de discipulado:

"El que ama al padre o a la madre más que a Mí, el que no toma su cruz, no es digno de Mí", tres veces repetido (Mateo 10:37, 38). "Si alguno viene a mí y no odia a su padre y también a su propia vida, y no abandona todo lo que tiene, no puede ser Mi discípulo", se repitió tres veces (Lucas 14: 26-33). Piense en toda su enseñanza de búsqueda del corazón sobre la humildad y el amor, y sentirá cómo Dios los limpió a través de la Palabra de Cristo.

¡Oh! comencemos y supliquemos a Dios por Su Cuchillo, por Él mismo para que nos limpie. Podemos estudiar la Palabra y esforzarnos por aplicarla; eso no puede limpiarnos. El Dios viviente, el Santo que limpia con el Espíritu de

Fuego, Él debe hacerlo.

¡Trabajador cristiano! ¿Estás cediendo todo de ti mismo a Dios para que Él lo corte y lo limpie con Su circuncisión Divina? ¡Oh! ¿No hay cristianos orando por más fruto, orando incluso por el Espíritu Santo y el poder de lo alto, y que no saben lo que es rendirse al poder humillante, purificador y asesino de la santidad de Dios?

Entremos en Su presencia y démosle las dos cosas que Él pide: un corazón puesto sobre más fruto, una voluntad cedida a Él para ser podado y purgado y liberado del sí mismo, y ser el canal viviente solo y totalmente para ser poseídos y usados para la Vida y el Espíritu de la Vid.

Nada puede satisfacer los deseos del Padre o los suyos de obtener más fruto, sino una rendición completa y diaria a la limpieza Divina por Dios mismo. No es hasta que un profundo anhelo por esta purificación Divina llena la Iglesia, que el deseo de más fruto se puede realizar en gran medida. Deje que el llamado de Dios de obtener más fruto encuentre su respuesta en el clamor por la purificación completa.

IV. MUCHO FRUTO

"El que permanece en Mí, y yo en Él, éste lleva mucho fruto; porque separados de Mí no podéis hacer nada "(versículo 5).

"En esto es glorificado Mi Padre, en que daréis mucho fruto, y así seréis Mis discípulos" (versículo 8).

AQUÍ se nos conduce a un paso más allá: el Agricultor no está contento a menos que el "más fruto" se convierta en "*mucho* fruto". Esto le da nuevo énfasis al pensamiento central de la parábola y de la verdadera vida cristiana: dar fruto para la vida y la salvación de los hombres debe ser el único objetivo de la existencia. Es solo cuando los cristianos se entregan a esto, que la necesidad, el significado y la realidad de permanecer en Cristo pueden ser aprehendidos. Cuán sinceramente debemos orar para que Dios conceda, en el Espíritu de sabiduría y revelación, los ojos iluminados del corazón para que podamos conocer la "esperanza de nuestro llamado", de llevar mucho fruto.

Nuestro Señor habla dos veces de "mucho fruto". Primero, dice cuán naturalmente les vendrá a aquellos que permanecen en Él. Entonces Él da el doble motivo: el Padre será glorificado, y nosotros seremos verdaderos discípulos. Estudiemos el llamado a dar mucho fruto, ya que señala a Cristo y nuestra vida de permanecer en Él; al Padre, y a nosotros glorificándolo; a nosotros mismos y a ser verdaderos discípulos.

I

"Como la rama no puede dar fruto, excepto que permanezca en la vid; tampoco pueden ustedes, si no permanecen en Mí". "*El que permanece en Mí, y yo en él, éste lleva mucho fruto*; porque separados de Mí no podéis hacer nada." Hemos visto lo que es una rama: una extensión de la vid, participante de su vida, engendrada y mantenida como parte de sí misma para proporcionar un canal a través del cual pueda producir sus uvas. Y no consideramos que nada sea más natural, ni tan obvio, acerca de lo cual no puede haber dudas, como que la rama no puede dar fruto, excepto que permanezca en la vid. La unión con la vid debe ser continua e ininterrumpida así la vid no cesa de mantener su suministro de savia para el porte y la maduración del fruto. Permanecer en la vid es la única condición indispensable para ser una rama viviente, saludable y que da fruto.

Cada creyente es una rama, una consecuencia de la Vid Celestial, engendrada y mantenida como parte de sí misma, con la única visión de tener un canal a través del cual pueda producir su fruto vivificante para la salvación de los hombres. Es solo a medida que esta naturaleza y el carácter de la rama se comprenden y se aceptan, que el llamado de Cristo a permanecer en Él puede ser aprehendido. Todos los intentos de disfrutar la bendición de permanecer serían inútiles si el primer pensamiento fuera nuestra propia felicidad o santidad. Miles de personas pueden encontrar en esta verdad la explicación del fracaso de sus muchos esfuerzos y oraciones para permanecer. Una rama es solo un medio para un fin; un instrumento para la realización del propósito de la vid. Permanecer es solo un medio para un fin; la única forma en que se puede mantener la unión de la vid y la rama para la realización de su objetivo común. Solo en la medida en que el creyente entre en el pensamiento de Dios concerniente a sí mismo como una rama, y responda de corazón a él, llegará la comprensión de la posibilidad, la certeza, la bendición de permanecer.

Es aquí donde toda nuestra cristiandad moderna necesita ser reconstruida. La Iglesia debe predicar la gran verdad de que cada rama debe dar fruto porque Cristo lo necesita, y lo escogió para este propósito, y porque solo esto es la verdadera vida de Cristo en nosotros. Dar fruto, hacer el trabajo por Cristo, vivir para salvar y bendecir a los hombres, no debe ser considerado como una cuestión de elección, o devoción especial, o como el pago de una deuda de gratitud: es el único objetivo de la redención. Es la única prueba de que Dios está haciendo su camino con nosotros, de que la vida de Dios está tomando posesión plena de nosotros, que estamos, al igual que Él, encontrando nuestro gozo en la beneficencia y el amor. ¡Dios quiera que los creyentes solo se tomen el tiempo para pensar qué es una rama! Comenzarían a ver, repito lo que dije antes, y se asombrarán de que no lo hayan visto antes, que la Vid Celestial existe tan absolutamente como la vid en la tierra solo para dar fruto, que la rama existe, al igual que la vid misma, solo para dar fruto, *y que el creyente vive tan absoluta y exclusivamente como Cristo mismo para dar fruto, y llevar la vida de Dios y la salvación a los hombres.*

El poder de permanecer depende completamente de que aceptemos nuestro llamado como ramas. Es la rama, totalmente dedicada a la vid y a la fructificación, la que tiene permiso, la que es capaz permanecer. La rendición de ser una rama *en el sentido completo en que Cristo usa la palabra*, dará una nueva y maravillosa luz y fuerza a la palabra "*Permanecer*". Entonces, significará simplemente: mantén tu lugar y posición de rama; vive solo y completamente para dejar que Cristo, a través de ti, dé vida a los que perecen. El creyente que cada mañana le dice a su Señor que viene de nuevo a ceder como una rama para dar mucho fruto, sentirá cuán impotente es de hacerlo por sí mismo, tan impotente como la rama "para dar fruto por sí misma". Cuán seguro y abundante es "el suministro del Espíritu" de la Vid Celestial con que él puede contar, y cuán simple es, a la vista de estas dos verdades, continuar permaneciendo, continuar en la vida de absoluta rendición e incesante dependencia creyente.

Cristo dijo: "Si guardáis Mis mandamientos, permaneceréis en Mi amor, así como yo guardé los mandamientos de Mi Padre, y permanezco en Su amor". La permanencia de Cristo en el amor de Dios fue a través de permanecer en Su voluntad de salvar el mundo; nuestra permanencia en la voluntad de Cristo para salvar a los hombres, entregándonos en obediencia para vivir por ellos, será nuestra permanencia en Su amor. Aprenderemos a considerar nuestro mayor privilegio cada día el perder nuestra vida en Su vida, y nuestra voluntad en Su voluntad, y tendremos, como Él, mucho fruto. "El que permanece en Mí, y yo en él, lleva mucho fruto". Permanecer en Cristo, salir de nosotros mismos y de todo para estar completamente identificados con Él en Su vida de hombres salvos, perder y renunciar a todos los intereses por el bien de servirlo como una rama, y hacer que Él permanezca en nosotros, infaliblemente nos hará ramas fructíferas. Ya no será una cuestión de tensión o esfuerzo interior, sino que la simplicidad y la facilidad de la fruición de la rama natural se transfigurarán en el descanso, la alegría y el amor a través de los cuales Él produce Su fruto en nosotros. "El que permanece en Mí, y yo en él, éste lleva mucho fruto".

II

"En esto es glorificado mi Padre, que llevéis mucho fruto". Este es el segundo pensamiento de Cristo concerniente al "mucho fruto".

¿Y cómo glorifica al Padre? En el mismo sentido en que se dice: "Los cielos cuentan la gloria de

Dios". Lo hacen de manera efectiva simplemente al mostrar lo que Dios está haciendo a través de ellos, rindiéndose a Su Poder Divino que los mantiene y les da su belleza. Dios les da Su gloria, y por lo que son y hacen en virtud del poder de Dios, manifiestan Su gloria.

Asimismo, Cristo glorificó al Padre en la tierra. Él no solo hizo la voluntad del Padre. Él podría haberlo hecho, y los hombres podrían haber pensado que lo hizo por Su propio poder. Cuán cuidadoso fue al decir una y otra vez que *Él no hizo nada por Sí mismo*, que sus palabras y obras fueron todas del Padre que moraba en él. Y continuamente la gente glorificaba a Dios, cuando veían Sus obras poderosas. En Su gran Oración de intercesión nuestro Señor dijo: "¡Padre! glorifica a Tu Hijo, para que Tu Hijo te glorifique. "Fue solo cuando el Padre le dio Su gloria al Hijo, que el Hijo pudo glorificarlo, es decir, que pudo mostrar Su gloria.

De ninguna otra manera puede ser glorificado el Padre por nosotros. No podemos causar ni crear ninguna nueva gloria para Dios: como Dios, toda gloria es Suya. "Tuya es la gloria". Pero podemos rendirnos a Dios para que obre en nosotros, y dejar que los hombres vean en nosotros cuán glorioso es

Él y cuán gloriosamente obra Él. "Aquí está mi Padre, el Agricultor, glorificado, si llevas mucho fruto". El "mucho fruto" es la prueba de cuán sabio y exitoso es el Agricultor. Mientras tengamos poco fruto, y nuestra vida cristiana no difiere mucho de las que nos rodean: los hombres atribuyen nuestro trabajo al carácter natural o las circunstancias favorables, o la influencia benéfica de nuestras creencias religiosas. Pero cuando en lo celestial de nuestra vida y en una fecundidad abundante, se da prueba de algo sobrenatural, los hombres se ven obligados a decir: Esto es lo que el Señor hace; y Dios es glorificado.

Cristo lo establece ante Sus discípulos como un objetivo distintivo. Que Dios sea glorificado fue Su único objetivo: quiere que sea el nuestro. Que Dios solo puede ser glorificado por una devoción completa, y el abandono de toda la vida para que Él pueda obrar, fue lo que probó Su vida y muerte. Él quiere que nosotros también lo demostremos. Como la Vid de la plantación de Dios, Él vivió cada momento para dar mucho fruto para la gloria del Padre. Como las Ramas de la mano derecha de Dios, como las Ramas de Sí mismo, la Vid Celestial, Cristo cuenta con nosotros en que, igualmente, no busquemos nada menos, no busquemos nada más. La vida entera de la Vid y su fruto es para la gloria del Padre; toda la vida de la Rama necesita ser, no puede ser, nada menos.

Detengámonos, recemos y comprendamos: con Dios, el Agricultor, trabajando en mí según las riquezas de la gloria; con Cristo, la Vid, fortaleciéndome según la gloria de Su poder, puedo dar mucho fruto. Déjame creer en la gloria de lo que el Dios glorioso hará en mí, y rendirme cada mañana para mostrar Su gloria en mí: aprenderé a permanecer en Cristo y dar mucho fruto.

III

"*Den mucho fruto; Así seréis Mis discípulos.*" Mucho fruto nos hace discípulos, verdaderos discípulos como Cristo lo desea. Hay muchos tipos de discípulos: discípulos enfermizos, débiles, tibios e infieles. Hay discípulos dignos de ese nombre: hombres y mujeres como Cristo quiere que sean, Sus seguidores de todo corazón, a ellos Él llama discípulos. Son aquellos que llevan mucho fruto, para la gloria del Padre, ramas que tienen la semejanza de la Vid, y demuestran que poseen su misma naturaleza.

Cuán poco se percata la Iglesia de Cristo, *que mucho fruto es la marca del verdadero discipulado.*

Tenemos tantas excusas para nuestra debilidad y falta de fruto, estamos tan acostumbrados al poder del pecado y del mundo, tan satisfechos con las muestras del bien en medio de los bajos estándares prevalecientes, que la idea de dar mucho fruto para ganar la aprobación de Cristo, como verdaderos discípulos, apenas entra en la mente de muchos. Y sin embargo, si la parábola de la Vid significa algo, significa esto, *que cada rama puede y debe dar mucho fruto*. El fruto puede ser muy diferente: en uno sufrimiento paciente, en otro servicio activo y sacrificio, en algunos intercesión perseverante, en otros una humildad manifiesta, y gentileza, y una mentalidad celestial; pero en todos mucho fruto, esto es lo que inevitablemente asegura permanecer en Cristo, lo que glorifica al Padre, lo que da como garantía de que estamos complaciendo al Maestro. Seguramente la pregunta debería llegar a cada uno de nosotros individualmente: ¿estoy dando mucho fruto? Al menos, ¿lo busco con todo mi corazón?

"Mucho fruto". Por lo que realmente deseamos, lo que buscamos con todo el corazón, lo sacrificamos todo. Sigamos en la presencia de nuestro Señor, y repitámonos a nosotros mismos los grandes pensamientos que sugieren Sus palabras. Él es la Vid del cielo, vino a la tierra para llevar el fruto, la vida del cielo, a los hombres. Él me la trajo. Él me ha hecho una rama, para impartir esa vida a través de mí y el fruto que llevo. Él me ha designado y me ha equipado para dar mucho fruto. Por la gloria del Padre, por la bendición de permanecer inquebrantablemente en Él, por el honor de ser Su verdadero discípulo, Él me suplica que lleve mucho fruto. Él no pide nada más que entregarme totalmente a Él, que día a día dependa de Él y del Padre para realizar su obra perfecta y poderosa en mí. ¿No lo haré yo, hagan lo que hagan otros, no consentiré y diré?: ¡Señor! aquí estoy, para ser única y totalmente, ser cada hora e ininterrumpidamente, una rama en Ti, permaneciendo en una comunión cercana, solo buscando conocer y hacer Tu voluntad, y siempre dependiendo de Ti con la total seguridad de que Tú me harás una rama digna de Ti, que da mucho fruto.

V. FRUTO QUE PERMANECE

"No me escogieron a Mí, sino que yo los escogí y los designé para que fueran y llevaran fruto, y para que su fruto permaneciera." (JUAN 15:16).

"FRUTO", "Más fruto", "Mucho fruto", ¡Fruto que Permanece! ¡Cómo se basa en el fruto el corazón de Cristo! Y no es solo cantidad lo que Él busca, sino también calidad; no solo mucho fruto, sino fruto que pueda permanecer. Y Él habla estas palabras para que por el Espíritu Santo su mente pueda entrar en nosotros, y el fruto ocupe el mismo lugar en nuestro corazón que tiene en el suyo.

"Que tu fruto permanezca". La palabra advierte contra un posible peligro inminente. Cuando los árboles no están perfectamente sanos o sufren de sequía, a veces dejan caer su fruto. Los árboles pueden dar mucho fruto, pero no pueden madurar: el fruto no permanece. O puede haber fruto que, una vez que está maduro, no se conserva: no permanece. Se debe usar de inmediato, mientras que otros tipos se mantendrán, y pueden soportar transportarse lejos,

o pueden almacenarse para ser usados en invierno. O, de nuevo, hay árboles que dan fruto solo durante unos años, y luego fracasan, mientras que otros continúan produciendo fruto hasta la vejez: entonces el fruto permanece mientras vivan.

Estas fallas en la Naturaleza tienen su contraparte en el Reino de la Gracia. Tanto en los individuos como en las iglesias, a menudo se puede encontrar fruto que no permanece. Ver cristianos que comienzan bien y son muy celosos en su trabajo por Dios, pero no duran: no llevan su fruto a la perfección. A medida que pasan los años, no hay madurez ni dulzura al respecto. La influencia que ejercen no es permanente, el resultado de su trabajo es una impresión transitoria, nada permanente. Con el tiempo, se cansan y se desvanecen; ellos no "dan fruto en la vejez".

Lo que se ve en los individuos suele ser la marca de iglesias enteras y sus servicios. En las impresiones hechas por la predicación, en la influencia ejercida por la escuela dominical, incluso en los resultados de misiones especiales o servicios de avivamiento, se ve poco fruto duradero. Cristo quiso decir que la rama que mora en él debería dar fruto que permanezca, debería tener resultados permanentes en el tiempo y por la eternidad. Donde la conexión entre Cristo y el creyente es estrecha y la comunicación incesante, el poder y la realidad de la vida Divina en la Vid, que fluye a través de la rama, se puede ver en el fruto; ese trabajo en su permanencia es llevar el sello de la eternidad.

"El mundo pasa, y también sus pasiones; pero el que hace la voluntad de Dios", y lo que hace, "permanece para siempre". Hay una religión que está en armonía con el espíritu y la sabiduría del mundo, y hace un espectáculo hermoso en la carne, pero rápidamente se desvanece y falla. Hay una religión que tiene su raíz en Dios y Cristo, que puede resistir la tentación y vencer al mundo, porque es de la fe que no "está en la sabiduría de los hombres, sino en el poder de Dios". Escuchemos lo que nuestro Señor tiene para enseñarnos acerca del fruto que permanece, y aprendamos de Él cómo podemos hacerlo fructificar.

I

"Te he designado para que vayas, y fructifiques, y que tu fruto permanezca". Aquí Cristo habla de que nuestro fruto permanece como resultado de que hayamos sido designados por Él para dar fruto.

Hablamos de un hombre que ha recibido un nombramiento en un lugar importante aquí en la tierra, primero al aceptarlo, luego al tomarlo, y luego al dar su tiempo y su vida para el cumplimiento de sus deberes. De su fidelidad depende su influencia y su promoción. Un gran secreto de nuestra permanencia del fruto es que sabemos que Cristo nos ha designado para dar fruto, y que con todo nuestro corazón aceptamos y tomamos el nombramiento. Es el cristiano quien realmente vive como un "designado para dar fruto", cuyo fruto perdurará.

¿Pero acaso no es esto lo que todos los fervientes ministros y obreros creen, y prueba de que creen el solo hecho de que comenzaron a trabajar en el cristianismo? Me temo que no. Recordemos de lo que se ha hablado en un capítulo anterior, que hay dos puntos de vista diferentes desde los cuales se puede considerar el porte del fruto.

Algunos se dan cuenta, o tratan de darse cuenta, de que su nombramiento de Cristo para dar fruto es tan claro, simple y absoluto como el del hombre a quien la Reina designa como gobernador u oficial del ejército: implica que él dé su tiempo completo y atención a esta única cosa; él vive para eso.

Otros piensan que tal dedicación entera a la

fructificación solo se espera de aquellos que son apartados para el ministerio, o que eligen vivir así. Nunca han visto que la relación entre la rama y el fruto es universal e inmutable.

Es fácil entender cuál será el efecto diferente de estos dos modos de ver la fructificación. En un caso, el cuidado de un hombre y la oración incesante serán para dar fruto, más fruto, mucho fruto, fruto permanente. Todo estará subordinado a esto: solo por esto vive. En el otro, él vive para sí mismo en primer lugar. Ya sea en la búsqueda de cosas terrenales o celestiales, su principal objetivo y motivo es el interés propio, y el fruto ocupa el segundo lugar, una parte de lo que él elige buscar. La visión anterior conduce al hombre a una vida de consagración absoluta y dependencia incesante. La última deja abundante espacio para uno mismo y su actividad.

"Te he designado para que vayas, y fructifiques, y que tu fruto permanezca". ¿No deberíamos pedir que esta palabra "designado para dar fruto" sea como una espada de doble filo, escindiéndonos como ramas de todo lo que es de uno mismo? Hemos dicho, más de una vez, que *la rama de la Vid Celestial existe de manera exclusiva y absoluta para dar fruto, al igual que la rama de la vid natural, o como lo hace la Vid Celestial misma.* Solo el Espíritu Santo puede hacer que el pensamiento sea una verdad viviente dentro de nosotros, para que realmente nos sintamos tan unidos a Cristo, tan completamente dedicados a Él, como una rama en la tierra es a su vid. Esperemos fervientemente que el Espíritu Santo obre en nosotros; permitámonos día a día rendirnos a Cristo vivo como "designados para dar fruto". Él nos dará la conciencia espiritual viviente de nuestro llamado y el poder para cumplirlo. Esa convicción permanente será el primer paso hacia el fruto permanente.

II

"*No me escogieron a mí, sino que Yo los escogí* y los designé para que vayan y den fruto". Aquí hay un segundo pensamiento.

El conocimiento de que hemos sido "designados" para dar fruto es un gran poder; pero hay algo más profundo. Cristo señala el origen divino de nuestro llamado a dar fruto. Pudo haber sido que lo hubiéramos elegido como Señor, y nos hubiéramos ofrecido para Su servicio. La designación habría tenido su aumento en nuestra voluntad. Pero no: "No me eligieron a Mí, sino que Yo los escogí". Así como una rama no elige la vid en la que crece, no buscamos o elegimos a Cristo primero. Como cada vid produce y pone la rama en el lugar que elija, así cada rama en Cristo se ha convertido en tal en virtud de Su elección. Creer esto con todo nuestro corazón, permitir que el Espíritu Santo obre esta fe en nuestro ser más íntimo, tiene una consecuencia más práctica para la vida cristiana de lo que creemos. Nos mostrará cómo el ser "designado para dar fruto" tiene su raíz en el propósito eterno de Dios, y cómo en ello tenemos la seguridad de poder cumplir con su requerimiento.

Cristo nos escogió "según el propósito del que hace todas las cosas según el consejo de Su propia voluntad". El Dios que ha propuesto es el Dios que también realiza. Él lleva a cabo Su Propósito Él mismo trabajando todo lo que Él ha querido. Le ha dado al hombre, especialmente al hombre redimido, el maravilloso poder de la voluntad, y así dentro de ciertos límites lo obstaculiza o lo sirve. Siempre que entremos en Su voluntad y nos entreguemos a ella, podemos contar con que Él mismo, por medio de Cristo, obrará en nosotros todo lo que le agrada a Él, todo lo que Él realmente quiere que cada uno de nosotros sea.

En esta luz, la doctrina de la elección se convierte en una de la mayor importancia práctica y de profundo avivamiento espiritual y fecundidad. Al igual que en la fe adoradora, veo mi vida personal abrazada en el propósito eterno de Dios en Cristo, mientras me posee la verdad celestial de que he sido designado para dar fruto, no en virtud de mi aptitud o de haberme ofrecido para ello, sino porque Dios y Cristo consideraron oportuno elegirme para ello, el llamado a entregarme a vivir solo para ello viene con una urgencia irresistible, y se engendra la confianza de que puedo llevar tanto fruto como Dios quiera. Su elección no violenta mi libertad ni mi voluntad; su gloria Divina ilumina y atrae y fortalece mi voluntad de entregarse completamente al gran poder de la Voluntad buena y perfecta. Soy una rama elegida y nombrada por la Vid para dar fruto. Puedo contar con Él para que trabaje en mí todo lo que Él desea que sea.

III

"Que tu fruto pueda permanecer". La palabra "*permanecer*" sugiere una tercera lección. Cristo ya la ha usado diez veces en la parábola de nuestra permanencia en Él y Su amor, y de Él mismo y Su gozo que permanecen en nosotros. Aquí, Él la usa

sobre la permanencia de nuestro fruto. La conexión es evidente. El fruto de un árbol depende de su vida. A medida que nuestra vida permanece en Él, nuestro fruto permanecerá. Cuanto más enteramente sea el propio fruto de Cristo, Su obra en nosotros, más se manifestará en ella el poder de Su vida inmutable. El fruto que permanece proviene de una rama que permanece.

Esto nos lleva de nuevo a la gran lección de la parábola: "Permaneced en Mí, y yo en vosotros". Es el obrero cristiano, que vive *intensa y completamente en Cristo*, quien se aparta de todo para hacerse cargo de su elección y nombramiento de ir y dar fruto, y lo convierte en lo primero, lo único por lo que vive, a quien se le impartirá el secreto de la permanencia del fruto. Puede haber otros con mayores dones a los que, aparentemente, se les da fruto más visible: el fruto permanente, como se verá a la luz de la eternidad, estará de acuerdo con la vida permanente de la Vid en la que permanece.

Qué llamado solemne y bendito a todos los que serían las verdaderas ramas de la Verdadera Vid, tan cierto como la Vid es cierta, verdaderos discípulos, que dan mucho fruto duradero. Toda nuestra vida debe permanecer en Cristo, tan simple, tan natural, tan exclusivamente como esa rama permanece en su vid. Confío en que comencemos a ver más lo que significa permanecer. Significa hacer de Cristo todo para cada momento, odiando y perdiendo nuestra vida, dejándolo todo para seguirlo a Él, para estar con Él, cerca de Él, en Él, perfectamente como Él.

¿Y podemos permanecer así? Más bien, ¿cómo no podemos, si creemos y cedemos ante el Santísimo Espíritu Santo, quién nos ha sido dado para hacer que Cristo sea para nosotros y en nosotros lo que el Padre quiso que fuera? Al igual que la rama está quieta y espera y recibe lo que da la vid, permanezcamos en la fe de que el Espíritu Santo está en nosotros. Al acercarnos siempre a Cristo, y en todo nuestro deseo puesto en él, déjanos contar con el Espíritu Santo para que podamos creer y permanecer como deberíamos. Clamemos poderosamente a Dios "para que nos fortalezca con poder de su Espíritu en el hombre interior", para "que nos llene del Espíritu". Dediquemos tiempo todos los días a creer que al rendirnos a nosotros mismos, Cristo permanece en nosotros; que Él habita en nuestro corazón por fe. Cada vez estaremos más seguros de que nuestro fruto proviene de Él, que Él mismo está obrando en nosotros y que nuestro fruto permanecerá. Cuanto más de la vida permanente, la vida eterna inmutable, más del fruto permanente, con el poder de la eternidad en él.

"*Que su fruto permanezca*". En vista de tanto trabajo cuyo fruto es tan efímero, en vista de tantos retrocesos, de cristianos que "retroceden y no avanzan", porque "han perdido su primer amor", "¿no es la gran necesidad de la Iglesia en sus miembros y conversos, en tierras cristianas y paganas, la única palabra, "que su fruto permanezca"? Recemos y vivamos por ello cada uno de nosotros. Cuando oímos hablar de almas dispuestas, a veces hambrientas, de conocer a Cristo y su salvación plena, recemos para que no solo les demos palabras y pensamientos que sean verdaderos, sino que les impartamos lo que ellos buscan: que les brindemos el fruto celestial de la Vid Celestial. Esto puede hacerse día a día, es nuestro primer cuidado estar llenos de Cristo, dejarlo vivir y trabajar en nosotros. La rama que mora en Él, verdaderamente, de cerca, completamente y totalmente, dará fruto que permanece, porque la misma vida de Cristo lo produce.

VI. FRUTO Y ORACIÓN

"No me escogieron a Mí, sino que Yo los escogí a ustedes, y los designé para que vayan y den fruto, y que su fruto permanezca; que todo lo que pidieren del Padre en Mi Nombre, Él se lo dará". (JUAN 15:16.)

EN estas palabras finales de la parábola, Cristo habla de dos cosas a las cuales Él ha escogido y designado a Sus discípulos. Una, es que deben dar fruto que permanezca; la otra, que deberían orar la oración que prevalece. Fruto en la tierra que lleva en sí el poder real de prevalecer con los hombres, la oración en el cielo que conlleva poder para prevalecer ante Dios: así es el objetivo y el propósito, tal será el resultado para aquellos que en fe simple realizan su elección y nombramiento cierto.

Fruto que permanece para los hombres, oración prevaleciente con Dios: no es difícil ver la conexión. Cristo no está hablando aquí de la oración que se necesita para y antes de llevar fruto. Como ejercicio de la vida espiritual, como medio para obtener la gracia para la permanencia y la plenitud del fruto, tal oración es indeciblemente necesaria y bendecida. Sin embargo, no es la forma más elevada de oración, y si nos limitamos a ella, el resultado será un fracaso en las regiones superiores de actividad espiritual y en el poder de comprender plenamente las promesas de oración más elevadas. Lea el texto cuidadosamente, y verá inmediatamente que Cristo habla de un poder de oración prevaleciente que viene con y después del fruto, y es en parte una recompensa por él. Es en la oración de intercesión que la vida cristiana alcanza su plena madurez y ejerce su poder más elevado. Es el creyente que se ha entregado por completo a la vida de permanecer y llevar fruto, y que lleva fruto que permanece, a quien el poder le llegará plenamente y se servirá de la promesa: "Los he designado para que dieran fruto, y que su fruto permanezca; *que todo lo que pidiereis al Padre en Mi nombre, él os lo dará.*"

Esta es la segunda vez que Cristo habla de la oración en la parábola. Él dijo: "El que permanece en Mí, lleva mucho fruto". "Si permanecéis en Mí, pediréis lo que queráis, y se os hará." El permanecer era traer la doble bendición: poder para dar mucho fruto, poder para prevalecer en la oración. La unión cercana a Cristo se manifiesta de dos maneras: en la tierra en el flujo de Su vida y en su fuerza como fruto para los hombres; en el cielo como poder en Su nombre para obtener para los hombres de Dios lo que queramos. El mismo espíritu de devoción a la gloria de Dios y el bienestar de los hombres que se manifiesta en la búsqueda de ser una rama, entregada por completo a Cristo, a través de la cual puede dar fruto, se siente constreñida y tiene confianza para entrar con valentía y pedir grandes cosas de Dios. No todo ministro o trabajador que obre con diligencia y seriedad, sino cada uno que trabaje en la verdadera dependencia como rama de Cristo y obedezca directamente a Su voluntad, encontrará la libertad para el ministerio de intercesión. Este es el significado profundo y completo de las palabras conectadas con frecuencia: Obrar y Orar. Es de consecuencia que nos demos cuenta de la conexión entre las dos. Mire a nuestro Señor Jesús. Su obra de redención en la tierra es la base y la fuerza de Su obra de intercesión en el cielo. Al entregarse a Dios por los hombres, se prueba a sí mismo como digno de tener el poder de la intercesión ilimitada en Sus manos. La devoción inconmensurable a Dios y a los hombres, el sacrificio más completo por su cuenta, fue Su preparación para recibir las llaves del Reino y el cumplimiento de la promesa: "Pídeme, y Yo te daré". Se sometió a la ley bajo la cual se encontraba Su pueblo, y abrió el camino para que compartan con Él en Su poder. No hay para ellos otra forma. Es fácil orar, siempre que no nos hayamos entregado para ser ramas completas, para dar mucho fruto; pero la oración servirá poco. Las palabras de Cristo son claras y solemnemente verdaderas: "Te he designado para que vayas y des fruto, y que tu fruto permanezca: que todo lo que pidiereis al Padre en Mi nombre, él os lo dará".

"Debemos recordar", dice el Coillard en su "ON THE THRESHOLD OF CENTRAL AFRICA" (Sobre el umbral de África central), que no fue intercediendo por el mundo en gloria que Jesús lo salvó. *Él se dio a Sí mismo*. Nuestras oraciones por la evangelización del mundo son una amarga ironía, siempre que solo demos nuestra superfluidad y retrocedamos ante el sacrificio de *nosotros mismos*".

I

El principal privilegio de la vida de la rama, el ejercicio más elevado de su poder, es la intercesión. Tal es el primer pensamiento sugerido.

No puede ser de otra manera. En nuestra permanencia y fructificación tenemos que ver más directamente con Cristo la Vid. Pero Él quiere guiarnos a un acceso e intercambio tan personal con el Padre como Él mismo disfrutó: "En aquel día pediréis en Mi nombre; y yo os digo que no rezaré al Padre por vosotros; porque el Padre mismo los ama". La intercesión es Su gloria suprema, la obra que Él realiza en el trono. Para que tengamos acceso a Dios, para tener poder con Dios, para pedir todo lo que queramos, y para darlo, esta es la gloria que sobresale. Entrar dentro del velo y morar allí, entrar allí en la mente de Dios y en el amor y las promesas, desde allí mirar el mundo y sus necesidades, luego todos los días ofrecernos a Dios por los hombres, y luego orar en el poder por el Espíritu para nosotros y los que nos rodean: esta es la verdadera vida en Cristo Jesús.

Este es el don del cual la Iglesia necesita una gran medida. Es la falta de esta audacia y perseverancia en la intercesión lo que lleva a: *"Pide todo lo que queráis, y se os hará"*, en serio, y busca demostrar su verdad al máximo, esa es la causa de nuestra falta de poder. ¿No nos ceñiremos a nosotros mismos para tomar nuestra doble cita, "para que llevéis fruto que permanezca: que todo lo que pidiereis al Padre en Mi nombre, Él lo haga"? ¿No deberíamos, ya que con frecuencia hemos hecho todo lo posible para cumplir con estas promesas, no deberíamos pedir y confiar, y en quietud esperar que el Espíritu Santo dé la verdad y el espíritu de estas palabras como un fuego viviente dentro de nosotros, para que no sea tanto una cuestión de memoria o de propósito, sino el resultado de un poder de vida interno y espontáneo, para dar un fruto permanente que rezáramos la oración que prevalece? Para el alma que permanece en Cristo, la devoción a mucho fruto para los hombres dará el poder para muchas relaciones con Dios.

II

Esta será nuestra segunda lección: la fidelidad en permanecer y llevar fruto es la condición indispensable del poder en la intercesión."

"Sobre poco has sido fiel, sobre mucho te pondré": esta es la ley del Reino. Es el hombre que es fiel sobre unas pocas cosas, en lo que está más cerca, en su propia permanencia personal en Cristo y en su fruto para quienes lo rodean, quien estará dispuesto a muchas cosas, y tendrá el poder otorgado para intercesión realmente prevaleciente en círculos más amplios. Juan dice: "Si un hombre no ama a su hermano a quien ha visto, ¿cómo puede amar a Dios a quien no ha visto?" La fidelidad en lo menor, en nuestra conducta hacia el hermano que nos rodea, es la única manera de alcanzar compañerismo con el Dios invisible. No podemos dejar de imprimirlo en nosotros mismos: nuestro poder de acceso como intercesores, nuestro poder de oración prevaleciente con Dios en el cielo, depende de una vida entregada a llevar fruto a los hombres.

¡La luz que arroja sobre toda la parábola nos ha enseñado acerca del fruto! Aquí tienes la razón por la cual el Padre nos limpia para que podamos dar más fruto, por qué el Hijo nos llama con tanta urgencia a permanecer en Él y dar mucho fruto. Es para que podamos ser llevados al mayor honor de estar en el consejo de Dios, ¿o deberíamos decir, convertirnos en Sus Consejeros Privados, a quienes admite participar del gobierno del mundo, y a cuya voluntad da voz en la distribución de Sus bendiciones?

Busquemos combinar las dos cosas. Dejemos que todo nuestro deseo de permanecer en Cristo y llevar fruto que permanezca nos conduzca a la gracia aún más elevada de buscar la intercesión y obtener de Dios Su bendición celestial con mayor poder. Y permitamos que toda nuestra intercesión nos conduzca de nuevo a la pregunta de si nuestra vida es, de hecho, una vida de rama, totalmente dedicada a permanecer y llevar fruto como la rama natural, o como la Vid Celestial misma. Mejor no hacerlo hasta que esa pregunta haya tenido una respuesta clara y completa.

III

Es esta permanencia y fructificación como condición de la intercesión, lo que significa y se resume en la palabra el "Nombre de Cristo". La promesa que Cristo da de que el que lleva el fruto recibirá del Padre todo lo que él pida se limita a la oración "en Mi Nombre".

Todos conocemos la fuerza de la expresión, "Es todo un mero nombre". Cuánto ha habido en la oración el uso del Nombre de Cristo en el que ha sido solo un nombre, y nada más; o en el que el uso del Nombre se ha limitado a ciertos pensamientos sobre él; o del vano esfuerzo de usarlo en nuestra fortaleza, sin la fe dada por Dios, ¡que sola puede pronunciarlo correctamente!

¿Y qué significa ese Nombre, y qué implica su uso? Un nombre siempre supone el objeto, la realidad, la persona viva a la que se aplica. Cuando tomo el Nombre de Cristo en mis labios en oración, significa que tengo al Mismísimo Cristo vivo allí. Él dijo: "Si *permanecéis en Mí*, pedid todo lo que queráis, y se os dará." En la tierra, a veces, usamos el nombre de una persona ausente como nuestra súplica. En oración a Dios esto no es así. Es un Cristo presente cuyo Nombre suplicamos: presente con Dios, presente con nosotros. Las dos condiciones de la oración prevaleciente que Cristo menciona en la parábola son eventualmente una: "*Si permanecéis en Mí*" y "*En Mi Nombre*" pedid lo que queráis, y se os dará". Ambos expresan lo mismo, unión viva a Cristo. El nombre siempre expresa la naturaleza. ¿Y cómo puedo ejercer este fuerte poder de Dios, y pedir lo que quiero y obtenerlo, a menos que la vida, la naturaleza y el poder del Hijo de Dios obren en mí?

Como estoy llamado a usar ese Nombre, necesito despertar mi conciencia al hecho de cuán enteramente Cristo es lo que me acerca a Dios, mover mi fe a la seguridad de que estoy ciertamente en Cristo, y Cristo en mí, y que, por lo tanto, mi oración será escuchada. El juicio de Dios sobre lo que el Nombre de Cristo es realmente para mí depende de lo que Él ve de la permanencia en Él. Mientras que al cristiano débil no convertido o recién nacido se le da el Nombre como su súplica, cuando no conocen nada más que Su bendita expiación y justicia, en estas promesas especiales de oración, para el trabajo del reino y su extensión por intercesión, el Nombre significa mucho más. "*Si permanecéis en Mí*, pedid lo que queráis y se os hará."; "Que todo lo que pidiereis al Padre *en Mi nombre*, Él os lo dará". El Nombre de Cristo, que demuestra ser verdadero en nosotros por permanecer y llevar fruto, es el poder de la oración que prevalece.

Hemos llegado al final de nuestras meditaciones. Confío en que hemos aprendido la gran verdad que enseña la parábola: que, así como toda vid y cada rama existe solo por el bien de su fruto, también Cristo, la Vid Celestial y todas sus Ramas, existen únicamente para dar fruto para la salvación de los hombres. Y con eso, la otra verdad, que es su complemento: que para nuestro abundante fruto para la gloria de Dios, la provisión más abundante y suficiente se ha hecho en Cristo Jesús. Debemos dar fruto; podemos dar mucho fruto.

Como ahora no somos solo oidores sino hacedores, y preguntamos cómo debemos entrar en esta vida de mucho fruto, tengamos cuidado con un error. No comiences con el lado equivocado. La rama se encuentra entre la vid y el fruto. Suelo repetir el pensamiento. Pon tu corazón en el fruto como el corazón de Dios está puesto sobre él. Pero ten cuidado de comenzar mirando lo que piensas que puedes hacer. El resultado probablemente sea el temor de que estés tan lejos de dar mucho fruto como nunca. Permítanme decir a cada joven creyente que aprenda a vivir la parábola al máximo: voltea a Jesús, la Vid Celestial. Fija tu mirada en Él *y la certeza de que Él obrará todo en ti.* Enfoca tu corazón en Dios, el Agricultor, *quien cuidará de ti como cuida de Jesús.* "El que cree en Mí, de su vientre correrán ríos de agua viva". Cree en Cristo Jesús, y corrientes de savia viviente fluirán a través de ti, y fuera de ti, en fruto. Como un verdadero discípulo, cede a la Vid para estar completamente apartado para llevar fruto como Él lo está: Él los llenará con Su vida celestial.

Clamemos poderosamente a Dios para que la gran y poderosa verdad se revele plenamente en nosotros, y alrededor de nosotros en la Iglesia, por Su Espíritu Santo. Vivamos como testigos de ello. Busquemos especialmente la gracia cuando tenemos acceso a los jóvenes cristianos o influimos en ellos, para entrenarlos para esta vida tan bendita, siendo verdaderas ramas frutales de la Verdadera Vid.

ACERCA DE CROSSREACH PUBLICATIONS

Gracias por escoger CrossReach Publications. *Esperanza. Inspiración. Confianza.*

Estas tres palabras resumen la filosofía por la cual existe CrossReach Publications. Para crear inspiración para el presente e inspirar esperanza para el futuro a través de autores confiables de generaciones anteriores.

Somos *no-denominacionales y no-sectarios.* Apreciamos y respetamos lo que cada parte del cuerpo ofrece a la mesa y creemos que todos tienen el derecho a estudiar y llegar a sus propias conclusiones. Nuestro objetivo es ayudar a facilitar eso.

Aspiramos a la excelencia. Si no hemos cumplido tus estándares, por favor contáctanos y déjanoslo saber. Queremos que te sientas satisfecho con tu producto. Algo que es para todos. Publicamos libros de calidad tanto en la presentación como en el contenido, y de una gran variedad de autores que ocupan diferentes posiciones doctrinales y tradiciones sobre una amplia variedad de temas cristianos que enseñarán, motivarán, desafiarán, inspirarán y equiparán.

Somos un negocio familiar en el hogar. El equipo de un esposo y una esposa que están criando 8 hijos. Si tienes alguna pregunta o comentario acerca de nuestras publicaciones escríbenos a:

ContactUs@CrossReach.net

No olvides que puedes seguirnos en Facebook y Twitter, (los enlaces están en la página de derechos de autor que está más abajo) para mantenerte al día sobre nuestros títulos y ofertas recientes.

Cómo Ser Lleno Del Espíritu Santo
A. W. Tozer

"Antes de abordar esta pregunta sobre cómo ser lleno del Espíritu Santo hay algunas cuestiones que deben ser resueltas. Como creyentes tenemos que deshacernos de ellas y allí es donde surgen las dificultades. Temía que a mis oyentes se les hubiera ocurrido la idea de que les traía una doctrina de Cómo ser lleno con el Espíritu Santo en cinco fáciles lecciones. Si piensas algo parecido a esto, lo único que puedo hacer es pararme frente a ti y decirte que lo siento mucho porque no es cierto. No podría darte un curso semejante. Lo que sí puedo decirte es que hay algunas cosas que necesitas definir.".

Dios Todavía Habla
A. W. Tozer

«El siguiente mensaje del fallecido Dr. A. W.Tozer, que será incluido en la publicación de una serie de disertaciones, coincide, a nuestro entender en gran medida, con el ministerio de A witness and a testimony («Un testigo y un testimonio»). Queremos compartirlo con nuestros lectores con la certeza de que su lectura les será de gran agrado. Hace poco tiempo apareció en The Alliance witness, revista de la Alianza Cristiana y Misionera. Al mencionar esto debo decir qué le debo mucho al Dr. A.

B. Simpson, fundador de aquella Alianza, sobre todo en mis primeros años de ministerio y trabajo en la obra del Señor».

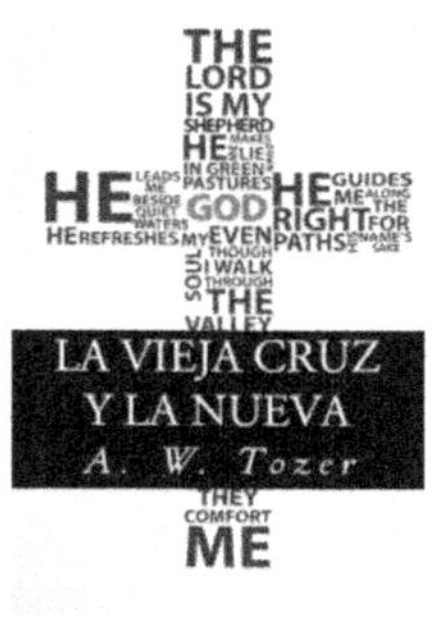

La Vieja Cruz y la Nueva
A. W. Tozer

Este artículo apareció por primera vez en The Alliance Weekly en 1946 y volvió a publicarse en 1954. También se imprimió en casi todos los países de habla inglesa. Diferentes editoriales lo publicaron en forma de folleto y aún aparece de vez en cuando en la prensa religiosa.

Su mensaje todavía es necesario y expresa la filosofía del doctor Tozer sobre la vida cristiana. Si tan sólo este mensaje hubiera hallado cabida en todos nuestros lectores, el ministerio del doctor Tozer hubiera sido más productivo.

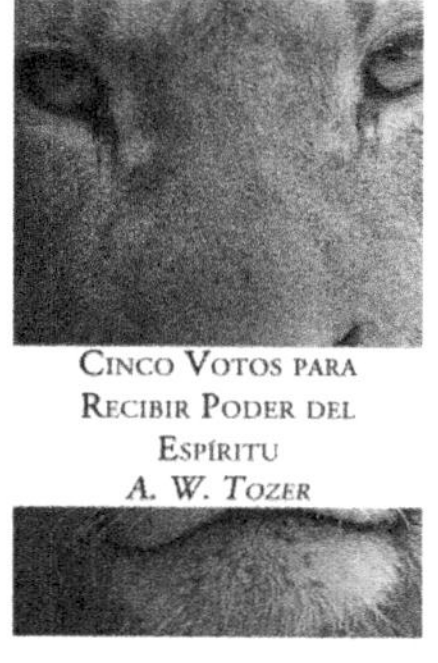

Cinco Votos para Recibir Poder del Espíritu
A. W. Tozer

A algunas personas no les parece bien hacer votos, pero en la Biblia encontrarás varios grandes hombres de Dios que hicieron uso de pactos, promesas, votos y compromisos. El salmista no se mostró reacio a comprometerse así y dijo: «Sobre mí, oh Dios, están tus votos. Te tributaré alabanzas» (Salmo 56:12).

Mi consejo respecto a este tema es que, si en verdad estás

preocupado por mejorar en lo espiritual, es decir, recibir un poder renovado, nueva vida, nuevo gozo y un avivamiento personal en tu corazón, harías bien en comprometerte con ciertos votos y dar los pasos necesarios para cumplirlos. Si llegas a fallar, humíllate, arrepiéntete y comienza de nuevo, pero mantén siempre estas promesas frente a ti. Te ayudarán a poner tu corazón en sintonía con el poder impresionante que se despliega desde el trono de Cristo a la diestra de la mano de Dios. El hombre carnal rechaza la disciplina que implica tal nivel de compromiso y dice: «Quiero ser libre, no quiero atarme a ningún voto; no creo en eso. Eso es legalismo». Bien, déjame contarte sobre dos hombres.

Tus comentarios y recomendaciones son fundamentales

Los comentarios y recomendaciones son cruciales para que cualquier autor pueda alcanzar el éxito. Si has disfrutado de este libro, por favor deja un comentario, aunque solo sea una línea o dos, y házselo saber a tus amigos y conocidos. Ayudará a que el autor pueda traerte nuevos libros y permitirá que otros disfruten del libro.

¡Muchas gracias por tu apoyo!

¿Quieres disfrutar de más buenas lecturas?

Tus Libros, Tu Idioma

Babelcube Books ayuda a los lectores a encontrar grandes lecturas, buscando el mejor enlace posible para ponerte en contacto con tu próximo libro.
Nuestra colección proviene de los libros generados en Babelcube, una plataforma que pone en contacto a autores independientes con traductores y que distribuye sus libros en múltiples idiomas a lo largo del mundo. Los libros que podrás descubrir han sido traducidos para que puedas descubrir lecturas increíbles en tu propio idioma.
Estamos orgullosos de traerte los libros del mundo.
Si quieres saber más de nuestros libros, echarle un vistazo a nuestro catálogo y apuntarte a nuestro boletín para mantenerte informado de nuestros últimos lanzamientos, visita nuestra página web:

www.babelcubebooks.com

Made in the USA
Las Vegas, NV
12 February 2023

67320122R00049